José Rosas Moreno

Sor Juana Inés de la Cruz

Edición de Héctor Azar

Barcelona **2024**
Linkgua-ediciones.com

Créditos

Título original: Sor Juana Inés de la Cruz.

© 2024, Red ediciones S.L.

e-mail: info@linkgua.com

Diseño de cubierta: Michel Mallard.

ISBN tapa dura: 978-84-1126-688-8.
ISBN rústica: 978-84-9816-275-2.
ISBN ebook: 978-84-9897-889-6.

Sumario

Brevísima presentación

La vida

José Rosas Moreno (14 de agosto de 1838, Jalisco-13 de julio de 1883, Guanajuato). México.

Estudió la primaria en León, Guanajuato, y después entró en el colegio de San Gregorio de la ciudad de México. Perseguido por sus ideas liberales, tras restaurarse la república fue diputado en el Congreso General. Fundó además varios periódicos y ocupó cargos públicos como regidor del ayuntamiento de León, y diputado a la Legislatura de Guanajuato.

Sus poemas son apacibles y melancólicos. José Rosas escribió también teatro para niños, poemas de historias de México y libros de lectura infantiles. Una parte de sus poemas se publicó en 1891 con el título de *Ramo de violetas*. *La vuelta a la aldea* es uno de sus últimos textos románticos, con notoria influencia de Becquer.

Sor Juana Inés de la Cruz fue estrenada en 1876 y relata la vida de la célebre escritora mexicana.

Personajes

Juana
Inés de Asbaje
María Luisa, condesa de paredes
Doña Mencia, dueña
Isabel, camarista
El conde de Mancera, marqués de la laguna, virrey de México
Don Diego de Illezcas
Don Nuño de Alba
Don Pedro Manuel de Asbaje
Ramiro, escudero
Juan Iniestra
Caballeros
Guardias
Enmascarados

Jornada primera

Época, siglo XVII, reinado de Felipe IV

Antecámara en el palacio de los virreyes de México: galería en el fondo; mesas con recado de escribir en primero y segundo términos. Es de noche.

Escena I

(Don Diego e Isabel en la galería. Juana Inés, escribiendo cerca del proscenio.)

Diego	Guárdeos el cielo, Isabel.
Isabel	Os buscaba con porfía.
Diego	Mucho me place, a fe mía,
	el veros servirme fiel;
	y no os pesará, que ingrato, 5
	¡vive Dios!, que nunca fui.
Isabel	Lo sé.
Diego	¿Cumplisteis?
Isabel	Aquí
	tenéis, señor, el retrato.

(Se lo da.)

Diego	¡Ah!, por fin...
Isabel	Esa alegría
	que revela vuestro amor, 10

es mi disculpa mayor...
yo robarlo no quería.

Diego   ¡Extremada es su belleza!

(Contemplando el retrato.)

Isabel   Grande fue mi atrevimiento;
                         si sospecha vuestro intento   15
                         el virrey...

Diego   De su grandeza
                         no tengo ningún cuidado,
                         que en sus largas cacerías
                         pasa absorto muchos días.

Isabel   Dicen que está enamorado.   20

Diego   ¿De alguna agreste hermosura?

Isabel   Yo no puedo, a fe, decillo;
                         mas Ginés, el pajecillo,
                         refiere que en la espesura
                         del bosque, al morir el día   25
                         habla el virrey, y en su anhelo
                         suspira y contempla el cielo
                         con triste melancolía.

Diego   ¿Y la condesa?

Isabel   Lo ignora;
                         y vive en tranquila calma,   30
                         sin una nube en el alma...
                         ¡Es tan buena mi señora!

	Solo por vos he podido traicionarla.	
Diego	No es traición, es piedad.	
Isabel	Tenéis razón, vuestro amor me ha conmovido.	35
Diego	Sensible sois.	
Isabel	¿Qué queréis? Siempre a mí me causan penas las desventuras ajenas.	
Diego	Pronto el cielo ganaréis.	40
Isabel	Hablad bajo por favor.	
Diego	¿Os recatáis?, ¿quién diría?...	
Isabel	¡Chist!... Escucharnos podría la nueva dama de honor.	
Diego	¡Ah!	

(Fijándose en Juana.)

| Isabel | ¡Y es la Décima Musa!
Y cuentan que llega a tanto
lo mágico de su encanto,
que hasta tiene ciencia infusa.
La condesa la prefiere. | 45 |

Diego	Justo es honrar tal portento.	50

Isabel	Vive en su mismo aposento
	y como hermana la quiere.

Diego	¿Y cuál es su cuarto?

Isabel	Aquél.

Diego	Esta sortija tomad,
	id con Dios.

Isabel	Con Él quedad.	55

Diego	Sois un tesoro, Isabel.

(Vase Isabel.)

Escena II

(Dichos, menos Isabel. Don Diego se acerca a la mesa del fondo y escribe.)

Diego (Viendo a Juana)
(Escribiendo.)
    (Yo lograré tu alegría
tornar en llanto.) «Señor...»

Inés	(Este hombre me causa horror.)

Diego
(Escribiendo.)
    (Goza ya, venganza mía.)   60

    «Del honor contra la ley
la condesa ha dado abrigo
a otro afecto... Un buen amigo
avisa al noble virrey.

Su retrato ha dado ya 65
en prenda de amor a un hombre:
si os interesa su nombre,
Nuño de Alba os lo dirá.»
(Ya pagaréis vuestra saña,
vuestra aversión importuna.) 70

(Cierra la carta y escribe en el sobre.)

«Al Marqués de la Laguna,
virrey de la Nueva España.»

(Vase.)

Escena III

Inés

Inés   Mísero idioma, no puede
expresar la pena mía;
es brasa a la luz del día, 75
se ofusca, se humilla y cede.
Mustios y pálidos son
estos versos... ¿por qué en suma
no puede verte la pluma
lo que siente el corazón? 80
Este amoroso tormento
que en mi corazón se ve,
sé que lo siento, y no sé
la causa porque lo siento.
Siento una grave agonía 85
por lograr un devaneo,
que empieza como deseo
y acaba en melancolía.

Y entre tan varios dolores
se juntan en mi existencia   90
con el rigor de la ausencia
del olvido los temores.

Escena IV

Dicha, Don Nuño

Nuño   La aurora de la ventura
              con clara luz amanece,
              pues que en palacio aparece   95
              este Sol de la hermosura.

Inés   ¡Don Nuño!

Nuño   Inés, con porfía
              os buscó mi amante anhelo,
              y gracias le doy al cielo
              de hallaros, señora mía.   100

Inés   Poco, a fe, le agradecéis.

Nuño   Siempre os mostráis desdeñosa;
              esquiva sois cuanto hermosa.

Inés   Perdonad...

(Hace ademán de irse.)

Nuño   ¿Iros queréis?
              Dejáisme en tinieblas.

Inés   ¡Oh!   105

¡Me requerís! Ofendida
debiera estar.

Nuño
                                    Esta vida
siempre en la vuestra vivió.
Sois polo de imán oculto;
sois portento sin igual,   110
pirámide intelectual.

Inés (Sonriendo.)
                Culto andáis.

Nuño
                                Os rindo culto,
sois un ángel, doña Inés.

Inés
                Advierto que blasfemáis;
si a lo inculto, culto dais,   115
inculto ese culto es.
Sellad el labio profano.

Nuño
                Tenéis algo de divino
y a daros culto me inclino,
pues sois serafín humano.   120
Vuestras prendas, vuestro porte,
tienen inmenso poder.

Inés
                Bien claro se deja ver
que habéis estado en la corte.

Nuño
                Vuestro ingenio siempre va   125
a mi pasión a la mano:
no peco de cortesano;
de enamorado, quizá.
Ocultaros no podría

	este amor rendido y ciego;	130
	mas sorda sois a mi ruego	
	y a la triste pena mía.	

Inés   Sois extremado en bondad.

Nuño   Vos, en desdén y en rudeza;
                siempre esa noble altiveza   135
                se advierte en la majestad
                de hermosura vencedora;
                mas soy audaz, caballero
                y noble; constante os quiero:
                ésta es mi mano, señora.   140

Inés   Esta pobre majestad,
                a pesar de su grandeza,
                os quiere hablar con franqueza.

Nuño   ¡Oh!, sí, con franqueza hablad.

Inés   Agradezco la intención   145
                que a ser franca me provoca,
                y vais a ver en mi boca
                entero mi corazón:
                Dos dudas en que escoger
                tengo, y no sé cuál prefiera: 150
                pues vos sentís que no quiera,
                y yo sintiera querer.
                [...]
                Si daros gusto me ordena
                la obligación, es injusto
                que, por daros a vos gusto,   155
                haya yo de tener pena.
                [...]

Mas, por otra parte, siento
que es también mucho rigor
que lo que os debo en amor
pague en aborrecimiento.   160
[...]
Y sea ésta la sentencia
porque no os podáis quejar:
que entre aborrecer y amar
se parte la diferencia.
[...]
Y así quedo a mi entender,   165
esta vez, bien con los dos:
con agradecer, con vos,
conmigo, con no querer.

Nuño   A vuestro padre he de hablar,
              venceré vuestra porfía.   170

Inés   Si no habláis al alma mía
              es preferible callar.

(Vase.)

Escena V

Nuño

Nuño   Muestra un injusto rigor:
              olvidarla yo debiera;
              pero, ¡ay!, olvidarla fuera   175
              mi desventura mayor.

(Vase.)

Escena VI

(Don Diego y Juan Iniestra por la galería.)

Diego	Aguarda... que no nos mire:
	¡ah!, ya se fue... Juan Iniestra,
	tú eres valiente.

Iniestra   Don Diego,
sabéis que no hay quien me venza;   180
en Murcia nos conocimos
cuando...

Diego   Basta.

Iniestra   ¡Qué soberbia
aventura! Me parece
que vuelvo a la noche aquella.
¡Pobre conde de Vallejo!   185
La estocada fue maestra.
Pero entonces os llamabais
don Rodrigo de Pereda,
y eráis contador del conde.

Diego   ¡Silencio! Si nos oyeran...   190
¿Quieres ganar cien ducados?

Iniestra   Sabéis que mi espada es vuestra.
¿Qué es lo que tengo que hacer?

Diego   Es arriesgada la empresa.

Iniestra   Decid.

Diego	Si cumples, el oro; 195
	si no cumples, tu cabeza:
	¿puedes contar con tres hombres
	audaces cual tú?
Iniestra	Muy cerca
	los tengo.
Diego	Bien, esta noche
	se aguarda al virrey, y hay fiesta 200
	en palacio; allí en la plaza
	los cuatro estaréis alerta:
	a una señal penetráis
	con disfraces y caretas.
	Has de robar una dama 205
	que yo mostraré.
Iniestra	Pues vengan
	los ducados.
Diego	Aquí están.
Iniestra	Muy bien.

(Cuenta el dinero y lo guarda.)

Diego	En la plaza espera.
Iniestra	Yo necesito un resguardo
	para salir de esta tierra 210
	por si acaso...
Diego	Lo tendrás.

Iniestra	Pues la fortuna os proteja.

(Vase Iniestra.)

Escena VII

Don Diego

Diego	El retrato de tu esposa	
	tengo al fin, ¡oh!, conde, y él	
	sirviendo a mis miras fiel	215
	mi venganza hará gloriosa.	

(Deja el retrato sobre la mesa.)

Escena VIII

Don Nuño, Don Diego

Diego	Siempre buscáis el retiro,	
	don Nuño; lo extraño en vos.	
Nuño	¡Ay!	
Diego	¿Suspiráis? ¡Vive Dios!	
Nuño	¡Ah!, sí, don Diego, suspiro.	220
Diego	¿Por acaso saber puedo	
	quién es la dama? Decid:	
	¿quién es ella? Así en Madrid	
	me preguntaba Quevedo.	

| Nuño | Es la noble Juana Inés | 225 |
| | de Asbaje. | |

Diego	(¡Ah!) Sí, la doncella
	llegada ayer; es muy bella,
	y dicen que sabia es.

| Nuño | ¡Sí! |

Diego	Merecéis mis albricias,
	que es fama que esa señora	230
	fue graduada de doctora
	en las aulas pontificias
	de aquesta universidad;
	y cuentan que tanto sabe,
	que fue de un obispo grave	235
	vencedora.

| Nuño | Es la verdad. |

| Diego | Pero según aseguran |
| | tiene amor, y no con vos. |

| Nuño | ¡Oh!, don Diego... ¡Vive Dios! |

| Diego | Eso las damas murmuran. | 240 |

| Nuño | La envidia es infame. |

Diego	No
	puede así dejar de ser;
	pero es frágil la mujer...
	¡Si supierais lo que yo!

Nuño (Exaltado.)   ¿Qué?

Diego   Vuestro amor os exalta;   245
                   mas reprimid vuestra llama;
                   yo no hablo de vuestra dama.

Nuño   ¿Pues?

Diego   De otra dama más alta.

Nuño   ¿De la condesa?

Diego   Escuchad.
                   Muchas cosas he sabido...   250
                   ¡Ah!, ¿comprendéis este olvido?

(Fingiendo que le sorprende el retrato que está en la mesa.)

                   Este traslado mirad.
                   Volverlo a su dueño es ley,
                   y ya que al virrey tratáis,
                   os ruego que así lo hagáis.   255

Nuño (Guardando el retrato.)
                   Darélo al señor virrey.

Diego   ¡Ah, la mujer!

Nuño   ¡Qué porfía!

Diego   Vuestra dama...

Nuño   Yo la adoro,
                   don Diego, porque es tesoro

| | de bien y sabiduría. | 260 |

Diego   Será mucho su saber
pero es mala.

Nuño   ¡Caballero!

Diego   Mala, muy mala, y lo infiero,
don Nuño, de que es mujer.
Tened precaución en fin: 265
si Eva que nada sabía
cometió cierta herejía,
¿qué hará sabiendo latín?

Nuño   Siempre gastáis buen humor.

Diego   Siempre soy justo.

Nuño   No, a fe.   270

Diego   Por experiencia lo sé:
la mujer es un horror.

(Salen María Luisa y Juana y se quedan escuchando.)

                  Prendada de su belleza,
siempre está, de veras hablo,
su corazón en el diablo,   275
en las galas su cabeza.
Cuando en su rostro tranquilo
dulce calma se divisa,
debemos ver en su risa,
la risa del cocodrilo.   280
Cuando altiva, indiferente,

muestra desdén y recelo,
es su desdén el anzuelo
que engaña al pez inocente.
Cuando es amable y discreta,   285
el engaño lleva al cinto,
y es su pecho laberinto
más terrible que el de Creta.
Se agita su corazón
cual la veleta en el viento;   290
es su espejo el fingimiento,
el engaño es su ambición.
Ya nuestras iras afronta,
y ya sin motivo llora;
si es honrada, es gastadora,   295
si no es gastadora, es tonta.
Es su vida liviandad;
bella o no, joven o vieja
a la serpiente semeja.

Nuño   No, don Diego.

Diego   Recordad   300
la manzana pestilente
que se comieron a dos,
contra el mandato de Dios,
la mujer y la serpiente:
la mujer pariente es   305
de Satanás, no es agravio.

Nuño   Don Diego, sellad el labio,
que yo adoro a Juana Inés.

Diego   Mucho lo siento por vos.

Nuño	Mirad que si el hierro empuño...	310

Diego   Me dais lástima, don Nuño.

Nuño   ¡Me ofendéis! ¡Ira de Dios!
                    Riñamos en buena hora.

Diego   Sois un necio.

Nuño (Desenvaina su espada.)
                    ¡Defendeos!

(Don Diego desenvaina también.)

Luisa   ¡Caballeros!

(Interponiéndose.)

Inés	¡Deteneos!	315

Diego   (¡Ah, la virreina!)

Nuño   ¡Señora!

Escena IX

Dichos, Inés y María Luisa

Inés (A Don Diego.)	Hombres necios que con mengua	
	del honor de un caballero,	
	encomendáis al acero	
	los errores de la lengua.	320
	Hombres necios que acusáis	
	a la mujer, sin razón,	

sin ver que sois la ocasión
de lo mismo que culpáis;
sí con ansia sin igual 325
solicitáis su desdén,
¿por qué queréis que obren bien
y las incitáis al mal?
[...]
Parecer quiere el denuedo
de vuestro parecer loco, 330
al niño que pone el coco
y luego le tiene miedo
[...]
¿Qué humor puede ser más raro
que el que, falto de consejo,
él mismo empaña el espejo, 335
y siente que no esté claro?
Con el favor y el desdén
tenéis condición igual
quejándoos, si os tratan mal,
burlándoos, si os quieren bien. 340
Opinión, ninguna gana,
pues la que más se recata,
si no os admite, es ingrata,
y si os admite, es liviana.
Siempre tan necios andáis, 345
que, con desigual nivel,
a una culpáis de crüel
a otra de fácil culpáis.
¿Pues cómo ha de estar templada
la que vuestro amor pretende, 350
si la que es ingrata, ofende,
y la que es fácil, enfada?
Mas, entre el enfado y pena
que vuestro gusto refiere,

	bien haya la que no os quiere	355
	y quejaos en hora buena.	
	Dan vuestras amantes penas	
	a sus libertades alas,	
	y después de hacerlas malas	
	las queréis hallar muy buenas.	360
	[...]	
	Pues ¿para qué os espantáis	
	de la culpa que tenéis?	
	Queredlas cual las hacéis,	
	o hacedlas cual las buscáis.	
Diego	Vencisteis en buena ley:	365
	sois extremada en la lid.	
Nuño	¡Oh!, sí.	
Luisa	Don Diego, salid,	
	id a esperar al virrey.	

(Vase.)

(A Don Nuño.)

Y vos por allá.

(Señalando otra puerta.)

Escena X

Juana y María Luisa

Luisa	¿Suspiras?

| Inés | Siempre suspiro por él. | 370 |

| Luisa | Vamos, desdobla el papel, que quiero oír esas liras. |

| Inés | Señora, el lenguaje vago bosquejo es del pensamiento, cual suele del firmamento | 375 |

Señora, el lenguaje vago
bosquejo es del pensamiento,
cual suele del firmamento
ser bosquejo el turbio lago.
Mas su divino arrebol
pincel humano no pinta:
para el Sol nos falta tinta,
y el pensamiento es un Sol.

Inés

Señora, el lenguaje vago
bosquejo es del pensamiento,
cual suele del firmamento   375
ser bosquejo el turbio lago.
Mas su divino arrebol
pincel humano no pinta:
para el Sol nos falta tinta,
y el pensamiento es un Sol.   380

Luisa

Tu ingenio a tu musa acusa,
mas la defiende la fama:
ya el orbe hispano te aclama
como a la Décima Musa.

Inés

Señora, vuestra bondad   385
siempre incesante se muestra;
mi voluntad es la vuestra.

Luisa

Bien, pues escucho.

Inés

                Escuchad:
«A un ausente.»
(Con voz muy conmovida.)
                No os asombre
que yo me conmueva tanto;   390
se deshace mi alma en llanto
al recuerdo de aquel hombre.
(Leyendo.)
            Amado dueño mío,

escucha un rato mis cansadas quejas,
pues del viento las fío,   395
[...]
si no se desvanece el triste acento
como mis esperanzas en el viento.
Yo sin cesar te aguardo:
si miras hoy de Bética las flores,
recuerda que aquí guardo   400
la flor que prenda fue de mis amores,
y que tanto la miro y quiero tanto
que es su rocío mi amoroso llanto.
Si del campo te agradas,
goza de sus frescuras venturosas,   405
sin que aquestas cansadas
lágrimas te detengan enojosas;
que en él verás, si atento te entretienes,
ejemplos de mis males y mis bienes.
[...]
Si ves el cielo claro,   410
tal es la sencillez del alma mía;
y si, de luz avaro,
de tinieblas emboza el claro día,
es con su oscuridad y su inclemencia,
imagen de mi vida en esta ausencia.   415
[...]
¿Cuándo tu voz sonora
herirá mis oídos, delicada,
y el alma que te adora,
de inundación de gozos anegada,
a recibirte con amante prisa   420
saldrá a los ojos desatada en risa?
¡Ay!, ¿cuándo, gloria mía,
mereceré gozar tu luz serena?
¿Cuándo llegará el día

	que ponga dulce fin a tanta pena?	425
	¿Cuándo veré tus ojos, dulce encanto,	
	y de los míos secarás el llanto?...	

Luisa
En conceptos que son flores,
tu galana poesía
traduce bien, a fe mía,   430
de la ausencia los rigores.
Conozco tu sentimiento,
que yo, Juana, sin reposo,
aunque corta, de mi esposo
la ausencia también lamento.   435

Inés
Le deseo conocer
ya que conozco su fama,
que el que es vuestro y tanto os ama,
grande sin duda ha de ser.
Mucho, a fe, señora mía,   440
vuestro tormento me pesa.

Luisa
Consuélame, que hoy regresa
de su larga cacería.

Inés
Pues hoy vuestra dicha es doble,
que abrazaréis anhelante   445
a un esposo y a un amante
tan generoso y tan noble.

Luisa
Juana, el dolor de los celos
viene a ofuscar mis amores.

Inés
No hay corazón sin dolores,   450
no existen sin nubes cielos.
¿Más pruebas tenéis?

Luisa	Ignoro

Luisa   Ignoro
si es culpable; solo sé
que lloro y suspiro, y que
entre temores le adoro.   455

Inés   Al mirar el tierno amor
cuya ausencia os causa duelo,
aún más conocer anhelo
al virrey vuestro señor.
Su nobleza generosa   460
es digna, la fama cuenta,
del gran rey que representa
y digno de tal esposa.
Aunque nunca yo le vi,
joven y hermoso le creo   465
y digno de tal empleo.

Luisa   Es verdad, digno de mí.
¿Y tu amado? Di quien es,
di su nombre.

Inés   No os asombre,
señora, no sé su nombre.   470

Luisa   Es extraño, Juana Inés.

Inés   Señora, la historia mía
encierra tristes memorias,
cual las que guardan historias
de andante caballería: 475
cual semidiós inmortal
de los que Homero ha pintado,
a mi doncel adorado,

mi hermoso valle natal
miré cruzar una vez.   480
Jamás su recuerdo pierdo;
palidezco a su recuerdo;
contemplad mi palidez.
Era una tarde; volaba
negra tormenta y rugía: 485
sus ojos el Sol cubría
y el cielo ciego quedaba.
A mis padres, iay de mí!,
de amor y ambiciones ciego
quiso robarme don Diego.   490

Luisa   ¿Don Diego de Illezcas?

Inés   Sí.

Luisa   ¡Perverso!

Inés   Y torpe y cruel.

Luisa   Prosigue.

Inés   Asióme en sus brazos...

Luisa   ¡Infame!

Inés   De aquellos lazos...

Luisa   ¿Te arrancaron?

Inés   Era él.   495
                Combatieron con ardor;
                rayos eran las miradas,

eran rayos las espadas,
era rayo su furor.
Huyó don Diego cobarde, 500
y como en bronce grabada
queda la historia pasada,
quedó en mi pecho esa tarde.
Él de sus ojos la viva
llama en mis ojos fijó, 505
y no bien me libertó,
de amor me dejó cautiva.
Su favor le agradecí,
y aunque verlo no quería,
amor, él, en mí veía. 510
Yo amor en sus ojos vi.
Mi mirada, entre sonrojos,
le reveló mi pasión,
que cuando habla el corazón
no pueden callar los ojos. 515

Luisa   ¿Desde entonces?

Inés   Por él lloro.

Luisa   ¡Ah, Juana Inés!

Inés   Y sin calma
vivo sin él, y sin alma,
que es el alma en quien adoro.

Luisa   ¿Le has vuelto a ver?

Inés   El ingrato 520
partió lejos de mi amor;
diome en prenda esta flor

y yo le di mi retrato;
él comprendió en mi ansiedad
que era mi gloria, mi aliento,   525
mi ambición, mi pensamiento,
mi dicha, mi eternidad...
Pero el alma un mal presiente
al ver que flor marchitada,
flor en cenizas tornada   530
es prenda de fuego ardiente.
Aunque alejóse crüel,
vive siempre en mi memoria,
y es mi ventura, la gloria
de que padezco por él.   535
Desde que le amo, percibo
grandeza en mis pensamientos,
aliento con dos alientos,
con dos existencias vivo:
su recuerdo me acompaña.   540

Luisa   Consuélate, Juana Inés,
                presto sabremos quién es,
                escribiremos a España.

Inés   ¡Si le volviera a mirar!

Luisa   Será mío tu contento.   545
                Aguárdame aquí un momento,
                voy por el conde a rezar.

(Vase por la galería.)

Escena XI

(Inés sola, tomando la flor.)

34

Inés	Rosa divina que en gentil cultura	
	fuiste, con tu fragante sutileza,	
	magisterio purpúreo en la belleza,	550
	enseñanza nevada a la hermosura.	
	Prenda de mi pasión ardiente y pura:	
	aunque ejemplo de vana gentileza,	
	y aunque en tu ser unió naturaleza	
	la cuna alegre y triste sepultura;	555
	no cual tú morirá mi fe querida,	
	que tú, que el riesgo de morir desdeñas,	
	yaces al fin marchita y encogida;	
	de tu caduco ser dos mustias señas,	
	mas no es mi amor así, tú con tu vida	560
	tan solo al falso amor la vida enseñas.	

(Se dirige el su habitación y al abrir la puerta se encuentra con Don Diego.)

Escena XII

Juana Inés, Don Diego

Inés   ¡Ah! ¡Vos aquí!

Diego   Juana Inés,
                        ¡silencio, silencio!

(Tomándole las manos.)

Inés (Rechazándole.) Idos...
                        ¿Qué pretendéis?

Diego   Ya que injusta
                        mi corazón has herido,   565

	y despreciando mi amor	
	de otro amor me haces ludibrio,	
	sabré obligarte.	

Inés   ¡Jamás!

Diego   Está ya comprometido
el honor...

Inés   Mi honor, don Diego,   570
como el Sol fulgura límpido;
ni al cielo alcanza el insecto,
ni vos...

Diego   ¡Juana!

Inés   Al honor mío.
¡Basta ya!; salid.

Diego   Mi mano
te ofrezco.

Inés   Callad... ¡Qué he oído!   575

Diego   Penetrar por el balcón
de tu aposento me han visto
cien caballeros y damas.

Inés   ¡Sois un infame!

Diego   He querido
comprometerte.

Inés (Con dignidad.)   ¡Salid!,   580

o doy voces.

Diego   He vencido
siempre, Juana, y venceré.
Esa flor...

(Pretende arrebatársela; luchan.)

Inés   Quitad... ¡Dios mío!
¡Socorro!

Diego   ¡Triunfé!

Inés   ¡Señora!

(Corre hacia la galería. Don Diego se va precipitadamente por la derecha.)

Escena XIII

(Dichos, Nuño. Nuño desenvaina su espada y se va en seguimiento de Don Diego.)

Nuño   ¡Deteneos! ¡Vive Cristo!   585

Escena XIV

(Inés, María Luisa. Después varios caballeros.)

Luisa   ¡Juana Inés!

Inés (Con mucha agitación.)
                     Señora... aquí
van a cruzar sus aceros...
don Diego... ¡Infame! ¡Ay de mí!

Luisa	¡Guardias!, venid... Caballeros,

(Aparecen varios caballeros.)

¡Corred!... ¡corred por allí! (Vanse.)   590

Escena XV

Inés, María Luisa

Luisa	¿Pero qué es lo que ha pasado?

Inés	¡Señora!...

(Prorrumpiendo en llanto.)

Luisa	Juana, no llores.

Inés	El traidor me ha arrebatado la rosa de mi adorado, la prenda de mis amores. 595

Escena XVI

Dichos, Ramiro y Doña Mencia.

Ramiro	Grande escándalo se advierte.

Inés	Es muy triste y dolorosa de rosa y mujer la suerte... la vida, señora, es muerte en la mujer y en la rosa. 600

Mencia	¡La nueva dama de honor!
Inés	Mi destino es padecer.
Mencia	Era su amante, ¡qué horror!

Escena XVII

(Dichos, Don Nuño y caballeros. Don Nuño entra con la espada desenvainada.)

Nuño	Aquí tenéis vuestra flor.
Inés	¡Pobre flor!

(La besa apasionadamente.)

¡Pobre mujer!   605

(Se arroja sollozando en brazos de María Luisa.)

Cae el telón

Jornada segunda

La misma decoración.

Escena I

Doña Mencia, Isabel

Mencia	¡Qué liviano atrevimiento!
Isabel	¿Qué decís, doña Mencia?

Mencia   Yo misma vi que salía
don Nuño de ese aposento.
No hago mal en referir   5
hechos que públicos son:
entraba por el balcón;
muchos le vieron subir,
y a Juana hallaron con él.

Isabel   De otra fueron los deslices.   10

Mencia   ¿Qué?

Isabel   La condesa...

Mencia   ¿Qué dices?
Calla por Dios, Isabel.
Juana Inés es muy ligera;
no sé dónde dejaría
su mucha sabiduría   15
para obrar de esa manera.
Nueva en palacio, la ley
que rige aquí desconoce;

	llegada ayer, se conoce	
	que no conoce al virrey.	20
	¡Provocar una pendencia!	
	Debe ignorar en verdad	
	la austera severidad	
	que despliega su excelencia.	

Isabel   Tal vez Juana no esté pura,   25
          mas la condesa... A fe mía...

Mencia   Calla, Isabel. ¡Qué osadía!

Isabel   Mucho la corte murmura...
          como allí viven las dos...
          como don Nuño la adora...   30

Mencia   ¿Sospechas de mi señora?
          Isabel, calla por Dios.

Isabel   Yo no aseguro...

Mencia   Enconosa
          es la calumnia, ¡Dios mío!

Isabel   Yo pensé que el desafío...   35

Mencia   Fue por causa de la rosa
          que Juana le dio, ya ves...

Isabel   Será; pero yo creí...

Mencia   Vámonos presto de aquí,
          que se acerca Juana Inés   40

(Vanse.)

Escena II

Juana Inés

Inés   De liviandad, ¡oh dolor!,
            gente liviana me arguye,
            pretende mi deshonor...
            ¡Pobre mujer es la flor
            que hasta el gusano destruye!   45
            Luchemos, luchemos, sí.
            ¿No sabes, alma, vencer?...
            La gloria se encuentra aquí...
            Soy desdichada, ¡ay de mí!,
            por hermosa y por mujer.   50
            Dolo, maldad, ambición,
            señores del mundo son;
            si es el mundo polvo inmundo,
            ¿en dónde cabe este mundo
            que siento en mi corazón?   55
            ¡Oh calumnia! Mi alma es dueña
            del honor y te desdeña:
            que Dios su fuerza me mande,
            y la calumnia más grande
            para alcanzarme es pequeña.   60
            Mancharme intentan... ¡Qué anhelo!
            ¡Oh!, razón, no tengas duelo,
            mira el insulto con calma.
            Yo tengo un cielo en el alma,
            ¿quién puede manchar el cielo?   65

Escena III

El Virrey, dicha

Inés	¡Ah!, mi dueño, ¡gran Dios!

(Corriendo hacia él.)

Virrey	¡Alma del alma!
Inés	¡Mi bien, al fin te miro!
Virrey	¡Tu aliento al fin respiro!
Inés	¡Ésta es la dicha, sí! Guarda un tesoro de amor mi corazón.
Virrey	¡Y yo te adoro!

70

Inés	Repite esa palabra venturosa.
Virrey	¡Oh!, ¡sí te adoro, Inés! (¡Y cuán hermosa!) (Es horrible mi dicha, que es horrible amar un imposible.)
Inés	Pero volviste al fin. Déjame verte.

75

Virrey	Verte quiero también.
Inés	¡Cuánto te quiero!
Virrey	Mi gloria es bendecirte y es quererte.
Inés	Cesó el dolor.
Virrey	Te estrecho entre mis brazos.

44

Inés	Y lloro de placer, lloro y sonrío...	
Virrey	Inés, en ti deslumbran	80
	del genio la grandeza,	
	la noble discreción y la belleza.	
Inés	Cuando rayos de amor el alma halagan,	
	belleza, ingenio y Sol su luz apagan.	
Virrey	¡Ven a mis brazos, ven!	
Inés	Y siempre unidas	85
	estén cual nuestras manos nuestras vidas.	
Virrey	(¡Fatalidad odiosa!)	
Inés	Muy venturosa soy tu rostro viendo.	
Virrey	Estoy al fin la gloria comprendiendo.	
Inés	Tu ausencia lamentaba	90
	en vena amarga, en lágrimas copiosas.	
Virrey	Amante suspiraba.	
Inés	Y siempre tu recuerdo acariciaba	
	regando con mis ojos esta rosa,	
(La muestra.)	y nunca la apartaba	95
	del pecho palpitante.	
Virrey	Instante por instante	
	tu imagen contemplaba.	

Inés	¡Oh dicha!
Virrey	¡Juana mía!
Inés	No te apartes de mí, que me parece 100 que vas a abandonarme todavía.
Virrey	(¡Oh, Dios!)
Inés	¿Por qué te fuiste? Responde por piedad.
Virrey	¡Inés!
Inés	¡Bien mío!
Virrey	¿Dónde hay gloria más grande que mirarte y sin cesar amarte? 105 Dios sabe que contigo mi edén encontraría. Dios sabe que este amor nació conmigo.
Inés	Yo te juzgaba infiel...
Virrey	¡Infiel! (¡Oh, cielos!)
Inés	Y devorando enojos, 110 en la loca inquietud de mis anhelos, pasaba ante mis ojos la sombra de los celos.
Virrey	¡Inés!
Inés	Lloraba tanto,

que aquella sombra disipóse en llanto.   115

Virrey   Sí.

Inés   Mas tú, ¿no me dijiste
que nunca de mi amor te apartarías?

Virrey   Juana... mi patria...

Inés   Es cierto;
más hoy, ya no tirano
quieras dejarme, no, pide mi mano.   120

Virrey   (¡Ah!, ¡maldición!)

Inés   ¡Mi bien!

Virrey   (Me siento yerto.)

Inés   ¿Mas piensas en tu patria todavía?
¿No es tu patria, mi bien, el alma mía?
A la palabra santa
Lázaro alzóse del sepulcro frío,   125
y al verte a ti, bien mío,
mi dicha del sepulcro se levanta.

Virrey   ¿Pero en palacio tú? No lo comprendo.

Inés   Ya soy dama de honor de la condesa.

Virrey   (¡Oh, Dios!)

Inés   Y tú, mi bien, dime tu nombre.130
(Pausa.)   Eres noble...

Virrey	(¡Ay de mí!)
Inés	No desconfío. Tu nombre has ocultado, razón, razón tendrás; no con enojos me mires.
Virrey	Nunca, no. (Soy un malvado.)
Inés	Nunca, ¿es verdad? ¿Ya nunca de mí te apartarás? Son tus amores cual brisa lisonjera.
Virrey	Tu amor mi corazón llena de flores.
Inés	Tu amor es luz, es Sol, es primavera.
Luisa (Dentro.)	¡Juana!
Virrey	(¡Qué oí!)
Inés	Me llama mi señora, ¡adiós; ya nos veremos! Habla a mi padre pronto.
Virrey	(¡Oh, Dios!)
Inés	Y unidos ya jamás nuestra vida apartaremos.

135

140

Escena IV

El Virrey

Virrey	¡Oh, desdicha! Este afanar	
	del alma debo calmar;	145
	pero calmarlo no puedo,	
	de sentirlo tengo miedo,	
	y este miedo es mi pesar.	
	Cuando el astro de mi amor	
	vierte su luz apacible,	150
	he de apagar su esplendor:	
	¡oh, cuán horrible dolor	
	es amar un imposible!	
	Cuando mitigan mis penas	
	palabras de encanto llenas,	155
	se abre a mis pies un abismo:	
	y en mi desdicha yo mismo	
	he de ponerme cadenas.	
	Después de tanto anhelar,	
	tras de tanto desear,	160
	debes morir, amor mío,	
	arroyuelo que al ser río	
	halla su tumba en el mar...	
	Huye, pues, de mi memoria,	
	no te quede ni tu gloria,	165
	porque eres tú, por tu suerte,	
	guerrero que halla la muerte	
	al alcanzar la victoria.	
	El deber de la nobleza	
	a herir mi pecho me obliga.	170
	¡Oh!, se pierde mi cabeza...	
	¡Qué infeliz es la grandeza	
	cuando es del alma enemiga!	
	Me manda el deber sufrir;	
	y en otros lazos cautivo	175
	un corazón debo herir;	

iy sin ella he de vivir
cuando sin ella no vivo!
¡Oh, cielos! A mi dolor
piadosos debierais ser: 180
¡qué implacable es el honor!
O haced que calle el deber,
o que me mate el amor.

Escena V

Dicho. Ramiro

Ramiro	Si permite, vuecelencia...
Virrey	¡Oh!, ven, Ramiro, ven aquí, 185
	que necesito de ti;
	un infierno es mi existencia;
	recuerda que siendo niño,
	en tus brazos me meciste,
	mi padre segundo fuiste; 190
	necesito tu cariño.
	Hoy que penas a millares
	aumentan mi agitación,
	busco, amigo, un corazón
	que comprenda mis pesares. 195
Ramiro	¿Qué os pasa, señor?, ¿quién es
	el que disgustos os da?
Virrey	¿Sabes, Ramiro, que está
	en palacio Juana Inés?
Ramiro	Sí, desde ayer.

Virrey	Cuando apenas	200
	este amor se adormecía	
	vuelve a herir el alma mía	
	con el dardo de sus penas.	
	Su fuego apagar no es dable,	
	y me atormenta inflexible,	205
	poderoso, irresistible,	
	dominador, implacable.	
	Y este afán que me conmueve	
	y que mis ansias aviva,	
	es el águila cautiva	210
	que en vano las alas mueve.	
	Mi propio afanar me espanta,	
	que entre mi amor y el bien mío	
	audaz el destino impío	
	un imposible levanta.	215
Ramiro	Olvidad.	
Virrey	¿Lo puedo hacer	
	cuando esta ardiente pasión	
	que agita mi corazón,	
	es el alma de mi ser?	
	Al cielo quise llegar	220
	soñando en amante anhelo,	
	y estoy contemplando el cielo	
	y no lo puedo alcanzar.	
	Su rostro acabo de ver;	
	oí su dulce suspiro.	225
	¡Es tan hermosa, Ramiro!	
	¡Es un ángel!	
Ramiro	Es mujer.	

Virrey	¡Calla!... ¡La infame maldad se atreve al ángel sublime! Calla.	
Ramiro	Por más que os lastime, he de decir la verdad.	230
Virrey	¿Qué? ¡Vive Dios!	
Ramiro	Su hermosura cien amantes ha tenido, y hoy un escándalo ha habido y ya la corte murmura.	235
Virrey	Habla, di con brevedad.	
Ramiro	Entró a su aposento un hombre.	
Virrey	¡Ira de Dios! ¿Y su nombre? (Callad, ¡oh, celos!, callad.)	
Ramiro	Como en el mismo aposento viven la condesa y Juana, la corte mordaz y vana calumnias arroja al viento.	240
Virrey	¡Esto más!	
Ramiro	Él ostentaba como conquista de amor...	245
Virrey	¡Ira del cielo!	
Ramiro	Una flor.	

Virrey	¡Su nombre! ¡Su nombre! Acaba.
Ramiro	Don Nuño de Alba.
Virrey	¿Qué oí? ¿Y así el sagrado atropella de palacio?
Ramiro	Hablad con ella, 250 que se dirige hacia aquí.

(Vase.)

Escena VI

Virrey, Juana Inés

Inés	Qué triste el tiempo, bien mío, pasa lejos de tu lado.
Virrey (Severo.)	Bien lo habéis aprovechado.
Inés	¿Qué es esto? Yo desvarío... 255 Tú eres la gloria del alma, tú eres mi vida, mi dueño; serena el airado ceño, vuélvele al pecho la calma. ¡Mi bien!
Virrey	Apartad.
Inés	¿Qué oí? 260 Son injustos tus enojos.

	(¡Está mirando mis ojos y puede dudar de mí!) Escucha.	
Virrey	Basta, señora.	
Inés	Yo deliro, cielo santo... ¿Gozas acaso en mi llanto?	265
Virrey	(¡Y llora la aleve, y llora!)	
Inés	Habla, dime; la amargura deja, por Dios, de verter en mi pecho.	
Virrey	Es mi placer el verte sufrir, perjura...	270
Inés	¡Yo...! ¡Yo perjura! ¡Y no estalla mi corazón a este nombre!	
Virrey	Entró en tu aposento un hombre y tú eres su amante.	
Inés (Con indignación.)	Calla.	275
Virrey	Don Nuño...	
Inés	Basta. No quiero más oír...	

(El Virrey quiere hablar.)

	Por compasión, si no tenéis corazón, sed al menos caballero. Ofendéis vuestra hidalguía.	280
Virrey	Explicación necesito.	
Inés	Hasta la duda es delito si se atreve a la honra mía. Si ciego no estáis...	
Virrey	¡Inés!	
Inés	Ved espléndida y luciente la alba pureza en mi frente y la calumnia a mis pies.	285
Virrey	La corte os está culpando: todos murmuran.	
Inés	¡Qué he oído! Me avergüenza haber querido al que me ofende dudando. Honor como rey se abona, y mi honor en su grandeza ciñe en su altiva cabeza la inmaculada corona.	290 295
Virrey	(Ah, ¿qué escucho? Hay en su acento la magia de la verdad.) Explicadme.	
Inés	Apartad que hablaros me da tormento.	

Virrey	Oye...
Inés	Dejadme.
Virrey	¡Por Dios! 300 Yo bien sé que es tu inocencia...
Inés	Para Dios y mi conciencia.
Virrey	¡Juana Inés!
Inés	No para vos.
Virrey	Yo te adoro.
Inés	Yo arrancar vuestro amor, del alma quiero. 305
Virrey	Calma este afán.
Inés	(Yo me muero, siento mi pecho estallar.)
Virrey	Con la calumnia esparcida yo dudé... se dijo aquí...
Inés	Pues gozad lejos de mí 310 con vuestra duda homicida.
Virrey	Bien, señora; pues la suerte goza con vos en mi daño, iré con mi desengaño sin vos a buscar la muerte. 315

Inés	¡Ah!

Virrey
        Libre os llegaréis a ver,
sed feliz con mi agonía.
¡Maldito el hombre que fía
en palabras de mujer!
Resuelto sabré apagar   320
de este amor la ardiente llama.

(Se dirige a la puerta.)

Inés   (¡Y no vuelve!)

Virrey (Deteniéndose.) (¡Y no me llama!)

Inés   (¡Y no lo puedo llamar!)

(Se dirige Inés a su habitación.)

Virrey (Corriendo hacia ella.)
        ¡Ah!, ven; tu perdón ansío.

Inés   Yo no puedo perdonaros.   325

Virrey (Con ira.)   ¡Oh!

Inés   Debéis de mí alejaros.

Virrey   Juana: adiós...

Inés   Adiós.
        ¡Dios mío!

(Prorrumpe en llanto.)

Escena VII

Juana Inés

Inés	¡Ay!, destrozan por mi daño	
	las flores de mi esperanza,	
	el hielo de la mudanza	330
	y el áspid del desengaño.	

Escena VIII

Dicha, Don Pedro

Inés   Padre y señor.

Pedro   He sabido
que mis canas ultrajando,
triste ejemplo a damas dando,
hoy el objeto habéis sido   335
de las lenguas; y por Dios,
que atento a vuestro saber
tan ligero proceder
no imaginaba de vos.

Inés   Os ruego que vuestro labio   340
tal ofensa no me infiera,
que al hablar de esa manera
vos mismo os hacéis agravio.
Soy vuestro propio reflejo,
sangre vuestra, y muerte hallara   345
antes, señor, que manchara
de vuestro honor el espejo.

Sé que con noble valor,
y hechos que al mundo admiraron,
mis abuelos consignaron   350
que no hay vida sin honor.
De vuestro ejemplo aprendí,
y aquí en el alma lo llevo,
lo que es honor, lo que debo
a mi Dios, a vos y a mí.   355
Mi alta frente he levantado
que herir la calumnia intenta:
del que calumnia es la afrenta,
la gloria del calumniado.
Soy inocente. Mi honor   360
está como el cielo puro...
Yo por la madre os lo juro
del Divino Redentor.

Pedro   Soy Asbaje, y se os advierte
que nadie ultrajó a un Asbaje   365
que no llorara el ultraje
entre el afán de la muerte.
Honrada estáis. La serena
virtud, Juana, en vos admira,
mas culpada el mundo os mira   370
y la apariencia es condena.
Hoy mismo por vuestro amor
dos hombres aquí han reñido:
don Diego se encuentra herido,
y don Nuño os dio una flor.   375
Lenguas hay que arrojan menguas
con pensamientos arteros,
y no hay en el mundo aceros
para cortar tantas lenguas.
Lo que ha de hacerse pensé;   380

	y es el camino más llano	
	que al ofensor deis la mano,	
	o que yo muerte le dé.	
Inés	¡Ah, señor!, terrible pena	
	mi desdicha me previene;	385
	a la que culpa no tiene	
	a sufrir se le condena.	
Pedro	Lo manda el deber.	
Inés	Piedad	
	aguardo, ¡oh!, padre, de vos.	
Pedro	Hoy os casáis.	
Inés	¡Nunca!	
Pedro	¡Oh, Dios!	390
	¡Nunca ha dicho!	
Inés	Perdonad.	
Pedro	¿No sois, Inés, hija mía,	
	que me hacéis tal desacato?	
	¿Mi voluntad no es mandato?	
Inés	Compadeced mi agonía.	395
Pedro	Basta.	
Inés	Mirad condolido	
	a la mujer desdichada. (Se arrodilla.)	
	A vuestras plantas postrada,	

	de rodillas os lo pido.	
Pedro	Ya mucho en oíros tardo, basta ya, y obedecedme.	400
Inés (Levantándose.)	Bien, señor; resuelta vedme y de vos la muerte aguardo, piadoso debéis matarme, que será menor suplicio que el odioso sacrificio a que queréis condenarme.	405
Pedro	Poniendo a las lenguas muro elijo el medio más sabio, que así mi honor desagravio y vuestra paz aseguro. Voy a su excelencia a ver; y mirad que yo lo quiero.	410
Inés	Mirad, señor, que me muero.	
Pedro	Mirad, vos, que así ha de ser.	415

(Vase.)

Escena IX

Juana Inés

Inés	Sufre y llora, alma ofendida, si tal situación te asombra, que a llorar eres nacida, y es la gloria de la vida humo, polvo, viento y sombra.	420

(Vase.)

Escena X

(Don Diego e Iniestra, por la galería.)

Diego	Va la fiesta a comenzar; es el preciso momento.	
Iniestra	¿La dama?	
Diego	En su cuarto entró, procura estar en acecho.	
Iniestra	¿El pasaporte?	
Diego	Helo aquí. ¿Tu gente?	425
Iniestra	Lista la tengo.	
Diego	Evita cualquier escándalo.	
Iniestra	Estad tranquilo, don Diego.	
Diego	Mucha prudencia y sigilo, y sobre todo, silencio, porque hay secretos que matan.	430
Iniestra	Para callar soy un muerto.	
Diego	El virrey viene hacia aquí; que no te mire.	

Iniestra	Obedezco.

(Vase.)

Escena XI

Don Diego, el Virrey

Diego	Señor virrey.	
Virrey	Dios os guarde,	435
	secretario de la Audiencia.	
Diego	Mis plácemes, gran señor,	
	os doy, pues estáis de vuelta.	
Virrey	Don Diego, la cortesía	
	es propia de vuestras prendas.	440
Diego	Señor conde, me retiro	
	si permite vuecelencia.	
Virrey	Esperad.	
Diego	Señor.	
Virrey	Don Diego,	
	en palacio una reyerta	
	provocasteis.	
Diego	¿Yo, señor?...	445
Virrey	La causa saber quisiera.	

¿Estáis herido?

Diego   No es nada.

Virrey   Hablad.

Diego   Permitid...

Virrey   Si intenta
enmudecer vuestro labio,
será que la culpa es vuestra   450
y avisaré a la justicia.
¿Qué ocasionó la pendencia?

Diego   Una dama.

Virrey   (¡Oh, Dios!) ¿Su nombre?

Diego   Dejad que evite su afrenta.

Virrey   ¡Ira del cielo! ¿Calláis?   455

Diego   Temo, señor, que os ofenda
el saberlo.

Virrey   ¡Vive Dios...,
que se agota mi paciencia!
Su nombre...

Diego   Señor...

Virrey   Su nombre.

Diego   Mi señora la condesa.   460

Virrey	¡Villano!, ¿y os atrevéis a inferirme tal ofensa?
Diego	Yo al infame he perseguido, señor.
Virrey	(Horrible sospecha.)
Diego	Reñimos...
Virrey	Decidlo todo: pero iay de vos! si a mi excelsa 470 y noble esposa, atrevido calumniáis con torpe lengua.
Diego	Digo, señor, la verdad. (Ya mi venganza comienza.)
Virrey	Ya escucho.
Diego	Al caer la tarde, 475 volviendo yo de la Audiencia, vi salir de ese aposento un hombre.
Virrey	¡Decid quién era!
Diego	Don Nuño de Alba.
Virrey	Seguid.
Diego	No notando mi presencia 480 exclamó: «ya Luisa es mía,

mi dicha a la gloria llega.»

Virrey	Callad.
Diego	Señor...
Virrey	Proseguid.
Diego	Airado por su insolencia, «mentís», exclamé, «¡cobarde!»

485

Virrey	Acabad. (La ira me ciega.)
Diego	Y la espada desnudé de vuestro honor en defensa; reñimos, pero a las voces y estruendo de la pelea, cien caballeros llegaron, evitando que muriera don Nuño.

490

Virrey	Basta. (Llamando.) ¡Ramiro!

Escena XII

Dichos, Ramiro.

Ramiro	¿Qué me manda vuecelencia?
Virrey	A Nuño de Alba llamad. ¿Qué os detiene? ¡Vive Dios!

495

Ramiro	Esta carta para vos me dio un paje.

Virrey	Despachad.

Escena XIII

(Dichos, menos Ramiro. El Virrey, abre la carta.)

Diego   (Mi carta... Apenas respiro...)

(Pasan por el fondo varios enmascarados, recatándose cautelosamente.)

                   (Ya Juan Iniestra ha llegado: 500
si acierta a verle Ramiro...
Temblando estoy... No ha notado
su presencia.)

Virrey   ¡Oh, Dios! ¿Qué miro?

Diego   Señor...

Virrey   ¡Infame! No hay duda.
(Viendo la carta.)   ¡Él, su retrato!...

Diego   Señor...   505

Virrey   ¡Sangre, sangre!, mi furor
vibre el acero y acuda
en defensa del honor.
Mirad.

(Le da la carta a Don Diego.)

Diego   ¡Oh, Dios!

Virrey	No concibe
	el alma tanta maldad. 510
Diego	(Triunfé.)
Virrey	Ramiro (Llamando.), llamad,
	que es cada instante que él vive
	espantosa eternidad.
Diego	Reportaos.
Virrey	¡El villano
	osa atreverse hasta mí! 515
	Tiembla el puñal en mi mano.
Diego (Leyendo.)	El traslado soberano
	de vuestra esposa...
Virrey	Sí, sí...
	¡Don Nuño de Alba! ¡Insolente!,
	no hará de su triunfo alarde. 520
Diego (Hipócritamente.)	
	La condesa es inocente.
Virrey (Sin oírlo.)	Yo aplastaré a la serpiente.
	¡Ah!, por fin llega el cobarde.

Escena XIV

Dichos, Nuño

Nuño	Señor...

Virrey	Venid. A mi honor	
	osáis hacer desacato.	525

Nuño	¿Yo?

Virrey	¿Comprendéis mi rencor?
	Dadme al punto ese retrato,
	dádmele al punto.

(Don Nuño le da el retrato.)

Nuño	¡Señor!...

Virrey (Viendo el retrato.)

	¡Ah! ¿Y osasteis mancillar
	mi honra y mi sangre? Matar	530
	sabe mi mano.

(Desenvaina el puñal y corre hacia Don Nuño.)

Nuño	Teneos.

Diego	Es justicia.

Virrey (Arroja el puñal y desnuda la espada.)

	Defendeos,
	nunca supe asesinar.

Nuño	¿Os irritáis contra mí?

Virrey	¡En guardia!

Inés (Dentro.)	¡Favor! ¡Favor!	535

Diego   (¡Cielos!)

(Se oye rumor de espadas dentro.)

Inés (Dentro.)   ¡Socorro!

Virrey   ¿Qué oí?
                        Esa voz...

(Don Nuño y el Virrey se dirigen hacia el cuarto de Juana Inés; ésta aparece
en el momento en que corre Don Diego a la galería.)

Inés   ¡Guardias, aquí!

Virrey   ¡Juana!

(Entran guardias y caballeros.)

Inés (Señalando a Don Diego.)
                        Prended al traidor.

(Los guardias prenden a Don Diego.)

                    Cae el telón.

Jornada tercera

La misma decoración. Es de día.

Escena I
Doña Mencia, Isabel, Ramiro

Mencia   Cáusanme a fe maravilla
tan impensados sucesos.

Isabel   ¡Qué escándalo, Virgen santa!

Mencia   El raptor era don Diego
y en su poder estaría   5
Juana, a no ser por don Pedro
que rondando cauteloso
pudo acudir a buen tiempo.

Isabel   Pues se dijo que, don Nuño...

Ramiro   El amante caballero   10
está inocente de todo.

Isabel   El raptor se encuentra preso.

Ramiro   Si acaso queda con vida
será un milagro del cielo.
Este don Diego de Illezcas   15
es un vil aventurero,
un malvado.

Mencia   Quiero hablar,
Ramiro, ¡por Dios!

Ramiro	Accedo. Que es una dueña callando candil sin aceite y fuego. 20
Mencia	Llegó don Pedro, os decía, y desnudando el acero, castigó de aquellos hombres el audaz atrevimiento.
Isabel	Es valiente el buen anciano. 25
Mencia	Que no interrumpas te ruego. Juan Iniestra quedó herido y sus cómplices huyeron. Don Pedro entonces airado le puso la espada al pecho 30 y él confesó que el delito fue tramado por don Diego. Por fin, aclarado todo al ser el de Illezcas preso, el buen anciano celoso 35 de su honor, que es caballero, llevóse a su casa a Inés, y desde entonces no ha vuelto.
Isabel	Malo es don Diego.
Ramiro	Tan malo, que vino de España huyendo 40 por homicida.
Mencia	¡Jesús!
Ramiro	Así consta del proceso.

72

Desde ayer lo sujetaron
a la cuestión del tormento,
y declaró la inocencia   45
de Juana Inés.

Mencia   ¡Qué perverso!
Va a pagar todos sus crímenes
y sus infames proyectos.
¿Y qué pena le impondrán?

Ramiro   La muerte, según yo creo.   50

Mencia   ¡Válgame Dios!

Ramiro   Merecida
será la pena. A este reino
pasó de Murcia, que allí
robó al conde de Vallejo
diez mil doblas; y le dio   55
la muerte el infame.

Isabel   ¡Cielos!
¡Cuánta maldad!

Mencia   ¿Y por qué
tuvo aquí tan buen empleo?

Ramiro   Engañaba a su excelencia,
con su audacia y con su ingenio,   60
pues cambió su nombre antiguo
por el que hoy le conocemos.

Isabel   Al virrey aborrecía.

Ramiro	Eran rencores de celos.

Mencia   ¡Cómo! ¿Qué dices, Ramiro?   65
¡Imposible!...

Ramiro   Pues es cierto.
Cuando el marqués pretendía
a la condesa, don Diego
rondaba también su calle,
con amorosos intentos.   70
Una noche, en que el nublado
su oscuro manto tendiendo
sobre Madrid remedaba
la oscuridad del averno,
le halló el marqués a la reja   75
de la casa, conviniendo
con una dueña los planes
para un rapto. En el momento,
veloz, cual rayo, su espada
dio al atrevido escarmiento.   80
Huyó don Diego cobarde,
receloso y encubierto,
con su sangre matizando
aquellos sitios desiertos.
Dirigióse a Murcia, oculto,   85
y vino a América luego.

Mencia   ¡Vaya! ¡Y las tramas que urdía!
¡Era un archivo de enredos!
Al escalar el balcón,
todas las damas creyeron   90
que era Nuño, pues llevaba
un adornado sombrero
al de Alba igual, y una capa

	de la de Nuño remedo.	
	Y la noche tan oscura	95
	favoreció sus intentos.	
	Mas pronto el castigo halló;	
	no son los plazos eternos;	
	no hay deuda que no se cumpla...	

Ramiro   ¡Su excelencia!

Mencia (A Isabel.)   Pues entremos.   100

Escena II

(Ramiro y el Virrey. Ramiro se dirige a la galería.)

Virrey   Buen Ramiro, ven aquí.
                ¿Has visto a Inés?

Ramiro   No, señor.

Virrey   Crece por ella mi amor.
                no sé qué será de mí.
                Hoy con su ausencia he sentido   105
                que un nuevo dolor me oprime;
                en dónde, Ramiro, dime,
                ¿en dónde se halla el olvido?
                Es mi pasión fuego intenso;
                no puedo dejar de amarla;   110
                pues cuando quiero olvidarla,
                más y más en ella pienso.
                Hoy sin ver su luz querida
                siento en mí amarga aflicción,
                desierto mi corazón   115
                y sin encanto la vida.

Ramiro	El tiempo quizás...

Virrey	No creo
	ya mi remedio posible,
	que acrecienta el imposible,
	el atractivo al deseo.
	De la calumnia maldita
	pasó ya la nube oscura,
	y hermosa cual Sol fulgura
	de mi bien la luz bendita.
	Bella, pura, vencedora
	su alta virtud resplandece;
	y crece, Ramiro, y crece
	el fuego que me devora.

120

125

Ramiro	Mirad, señor...

Virrey	Nada miro;
	que la adoro solo sé;
	quiero verla y la veré.
	Lleva esta carta, Ramiro.

130

Ramiro	¿Mas vuestra esposa, señor...
	el deber y la grandeza
	en que estáis? ¿Vuestra nobleza?

135

Virrey	Todo lo olvida mi amor.
	¿Viste formando rumores
	correr el manso arroyuelo,
	pintando en cristal el cielo,
	suspirando entre las flores?
	Pues así del alma mía
	el amor se deslizaba,

140

y los cielos retrataba
cuando libre me veía.
¿Le viste luego el sombrío   145
bosque cruzar, impaciente,
aumentando su corriente
y ser caudaloso río;
y las blancas amapolas
marchitas en la ribera,   150
inundando la pradera
con el vaivén de sus olas;
y por fin con fiera saña,
la llanura estremeciendo,
raudo y rápido rugiendo,   155
descender de la montaña,
y enfurecido, en oscuro
vapor envuelto, entre lodo,
romper, destrozarlo todo,
arrancar el fuerte muro,   160
correr, volar, agitarse,
saltar con audacia loca,
quebrarse de roca en roca
y al abismo despeñarse?
Así mi amor, por ligeras   165
barreras encadenado,
loco, ciego, desbordado,
quiere arrancar las barreras:
lazos, deberes, poder,
gloria, opinión y grandeza,   170
orgullo, ambición, nobleza,
todo lo quiere romper,
todo ha de verlo deshecho;
que es mi virtud impotente
a contener el torrente   175
que se desborda en mi pecho.

(Vase Ramiro.)

Escena III

El Virrey

Virrey   No puedo vivir así;
        do quiere la suerte voy;
        a todo resuelto estoy...
        Dios tenga piedad de mí.   180

(Se sienta pensativo cerca de la mesa con el rostro entre las manos.)

Escena IV

(Dicho, la Condesa y Ramiro en la galería. La Condesa lleva en la mano una carta.)

Ramiro   Ya sabéis que os reverencio;
        pero el virrey...

Luisa   Basta ya.

Ramiro   Si lo sabe...

Luisa   Bien está.

Ramiro   ¡Pero, señora!...

Luisa   ¡Silencio!

(Vase Ramiro.)

Escena V

Virrey, Luisa

Luisa	¿A quién escribe?	
(Abre la carta.)	¡Qué miro!	185
Virrey	(¿Y dejaré abandonada	
	a mi esposa desdichada?)	
Luisa	¡Y esto es verdad! Yo deliro...	
	Me olvida infiel y traidor.	
	¡Alma, calla, esconde el llanto!	190
	¡Celos, silencio!, entretanto	
	ocultemos mi dolor. (Pausa.)	
	¡Conde!	

(Avanzando.)

Virrey	Señora.

Luisa (Con ternura.)	Un instante,	
	a solas, señor, os veo,	
	y el impaciente deseo	195
	calma al fin el pecho amante.	
	Quisiera hablaros.	

Virrey	(¡Dios mío!)

Luisa	Olvidad tantos enojos,	
	no quieren mirar mis ojos	
	ese ceño tan sombrío.	200
	La dulce quietud, la calma	

79

en mi regazo buscad,
y un instante consagrad
a los anhelos del alma.
No quiero que triste estéis.   205

Virrey   (Su cariño y su ternura
                   acrecientan mi tortura.)

Luisa   ¡Ah!, ¿pero no respondéis?

Virrey   ¡Condesa!...

Luisa   Si estáis airado
                   por el suceso enojoso   210
                   de anoche, que os dé reposo
                   mi inocencia. Ya el osado
                   que me ultrajó de esa suerte
                   ofendiendo mi opinión,
                   yace en oscura prisión   215
                   y está condenado a muerte.

Virrey   ¿Y qué, lo sentís?

Luisa   No, a fe:
                   sus errores compadezco,
                   Dios le acoja.

Virrey   (No merezco
                   su casto amor... Yo no sé   220
                   qué me pasa... En vano lucho.)

Luisa   (En vano el secreto esconde.)
                   Estáis muy pálido, conde.

Virrey	Sí, señora, sufro mucho.

Luisa (Con ternura.)	¿Sufrís, y en almas ajenas	225
	buscáis al dolor abrigo?	
	Debierais partir conmigo	
	vuestro afán y vuestras penas.	
	¿No soy vuestra esposa?	

Virrey	(¡Oh, Dios!)

Luisa	Nada debe deteneros.	230
	¿Quién como yo ha de quereros,	
	si solo vivo por vos?	

Virrey	Los negocios me arrebatan	
	la quietud, y el alma siente	
	que la sofoca este ambiente,	235
	y que estas luchas la matan.	

Luisa	Pues dejad la agitación	
	del mando, dejad su encono;	
	¿no os basta, señor, el trono	
	que os alzo en mi corazón?	240
	Dejando aquí los pesares,	
	nos lleve nave ligera	
	a la querida ribera	
	del querido Manzanares,	
	y halle allí vuestro dolor	245
	serenidad apacible.	

Virrey	No, condesa, es imposible...

Luisa	(Funesto, funesto amor.)
	La dulce calma os convida.

Virrey	No lo permiten los cielos.	250

Luisa	(¡Ay!, el áspid de los celos	
	sangre le arranca a mi vida.)	
	Resuelto romped los lazos	
	del poder, lazos penosos;	
	que otros lazos más dichosos	255
	os esperan en mis brazos;	
	y una existencia sin duelo	
	veréis, señor, deslizar,	
	cual la barquilla en el mar,	
	como la nube en el cielo.	260
	Pensando en ese placer,	
	ved que gozosa sonrío...	

Virrey	(¡Qué horrible lucha! ¡Dios mío!	
	¿Por qué no triunfa el deber?)	

Luisa	Volvamos, señor, a España,	265
	que en esa tierra bendita,	
	de los cielos favorita,	
	la dicha al bueno acompaña.	

Virrey	¡Ah! ¡Si pudiera!...	

Luisa	Apartados	
	de la corte viviremos,	270
	y gloria de amor seremos	
	ni envidiosos ni envidiados.	
	¡Cuán venturosa me haréis!	
	Y a vos también os espera	
	felicidad verdadera.	275

Virrey   (¡Ay de mí!)

Luisa (Con ternura.)   ¿Qué resolvéis?
                        Presto partamos de aquí:
                        ved que os lo ruego.

Virrey   (¡Dios santo!
                        ¡Es tan buena y me ama tanto!)

Luisa   ¿Qué decís, señor? Allí   280
                        triste y enfermo, pensando
                        que ya mucho en veros tarda,
                        un noble padre os aguarda,
                        y está por vos suspirando.

Virrey (Conmovido.)   ¡El padre del alma mía!   285
                        ¡Ah!, sí, sí, verle quisiera.

Luisa   Pensad que ansioso os espera.

Virrey (Como embelesado.)
                        Verle, verle, ¡qué alegría!
                        Pienso que tras duelo tanto,
                        de nuevo mi oído halagan   290
                        esas frases que se apagan
                        y se traducen en llanto;
                        y pienso en el desvarío
                        de tan hermosa ilusión,
                        que siento su corazón   295
                        palpitar junto del mío.

Luisa   Cuando ya a la eternidad
                        toca su pie...

Virrey	Necesita...
	de una ternura infinita
	que apoye su ancianidad. 300
Luisa	Llevémosle esa ternura.
Virrey	¡Oh!, ¡qué sueño tan hermoso!
Luisa	Allí hallaréis el reposo.
Virrey	Ésa fuera mi ventura.
Luisa	Pues buscad ese placer. 305
Virrey	¡Qué imagen tan seductora!
Luisa	Os quiere tanto.
Virrey	Me adora;
	soy la vida de su ser.
Luisa	Con él nuestro hijo querido...
Virrey	En sus brazos lo estoy viendo, 310
	como un ángel sonriendo,
	plácidamente dormido;
	y, que mi padre le mira...
Luisa	Que contempla en su semblante
	vuestra imagen...
Virrey	Y que amante 315
	le besa y por mí suspira...

Luisa	Que con castos embelesos...
Virrey	Suspirando tiernamente yo deposito en su frente todo mi amor con mis besos. 320
Luisa	Y que el niño no os asombre...
Virrey	Sí, sí, que despierta el niño.
Luisa	Que os sonríe con cariño.
Virrey	¡Y que pronuncia mi nombre!
Luisa	Que sin duelo en la existencia 325 vuelve su frente a inclinar.
Virrey	Y otra vez vuelve a soñar con la paz de la inocencia.
Luisa	Que vuestro padre al buen Dios invoca, al veros ufano... 330
Virrey	Que alza trémulo su mano y nos bendice a los dos.
Luisa	Y en ese cuadro risueño veréisme, señor, de hinojos, mirándome en vuestros ojos, 335 velando del niño el sueño.
Virrey	¡Ah! ¡Padre del alma!...
Luisa (Llora.)	(Se ha salvado; ya respiro.)

85

(Pausa pequeña.)

Virrey	¡Ah!, pero no; yo deliro:
	es imposible, señora. 340

Luisa	(¡Ah!)

Virrey	Que el rey en su favor,
	servirle aquí me ha mandado,
	y me cumple como honrado
	acatar a mi señor.

Luisa	¡Vano placer! Sombra esquiva 345
	donde el dolor se renueva,
	eres la espuma que lleva
	la corriente fugitiva.

Escena VI

Dichos, Don Pedro

Pedro	Dios guarde al señor virrey
	y a la señora condesa. 350

Virrey	Él también venga con vos,
	señor don Pedro.

Pedro	Las muestras
	de mi respeto, os dirán
	lo que mi labio no acierta.

Luisa	Mucho en palacio, señor, 355
	se ha extrañado vuestra ausencia.

Pedro	Dejad, señora, que humilde vuestra bondad agradezca.
Virrey	Nos tenéis muy ofendidos.
Pedro	¿Yo, señor?
Virrey	Sin mi licencia 360 llevasteis a Juana Inés...
Luisa	(¡Ay, Dios!)
Virrey	A la casa vuestra. Con esto a mi noble esposa le hacéis, don Pedro, una ofensa. pues con materno cariño 365 a Inés quiere la condesa, y por su fama y su dicha su afán solícito vela. ¿No es esto verdad, señora?

Luisa (Esforzándose por sonreír.)
        Sí, sí, conde.
                    Las funestas   370
causas que ayer al escándalo
dieron las miras perversas
de don Diego, me obligaron.

Virrey	Probada está la inocencia y virtud de vuestra hija. 375
Luisa	(¡Oh, Dios!, mi desgracia es cierta. ¡Cuánto la quiere!)

Virrey	Señor
	don Pedro, evitar es fuerza
	murmuraciones injustas.
	Haced que al momento vuelva. 380
	Decidle, señora.

Luisa   Sí.

Pedro   Complaceré a su excelencia.

(El Virrey se va por un lado y María Luisa por otro.)

Luisa (Viendo al Virrey.)

                         (Volvedle, ¡oh, cielo!, a mis brazos,
                         o permitid que me muera.)

Escena VII

Don Pedro, solo

Pedro   Yo velaré por mi honor.   385

Escena VIII

Dicho, Don Nuño

Pedro   Don Nuño.

Nuño   Señor don Pedro,
                 a vuestras no desmentidas
                 y altas bondades atento,
                 y además, teniendo en cuenta
                 irresistibles afectos,   390

	voy a haceros confesión de un honrado atrevimiento.	
Pedro	¿Atrevimiento?, no tal, honrado sí, como vuestro. No caben en limpia sangre sino honrados pensamientos.	395
Nuño	Ya sabéis que yo soy noble...	
Pedro	Sois cumplido caballero, y por noble y por honrado os estimo y os respeto.	400
Nuño	Sabéis que de mi familia muy pingües rentas heredo.	
Pedro	Es la riqueza mayor la que se guarda en el pecho, que más quilates que el oro tiene un noble sentimiento.	405
Nuño	Sabéis que el virrey me estima.	
Pedro	Sois su amigo predilecto, el alma de sus acciones y su mejor consejero; y se os mira en Nueva España como árbitro del gobierno.	410
Nuño	Sabéis...	
Pedro	Conozco, don Nuño, vuestras prendas; mas no infiero...	

Nuño	Tenéis, señor, una hija	415
	que es de virtudes modelo,	
	que es fénix de la hermosura,	
	que es asombro del ingenio,	
	que es musa de nuestro olimpo,	
	que es astro de nuestro cielo.	420

Pedro   Cual galán y cortesano,
favorecéisla en extremo.

Nuño	Ella ha logrado inspirarme	
	un ardiente sentimiento;	
	por ella muriendo vivo,	425
	por ella viviendo muero.	
	Por eso hablaros quería,	
	y con profundo respeto,	
	ofreciéndoos cuanto soy,	
	su mano a pediros vengo.	430

Pedro	Tomad mis brazos, don Nuño,	
	como hijo desde hoy os veo;	
	la mano de Juana Inés	
	sin vacilar os concedo.	
	Voy por ella; adiós, quedad. (Vase.)	435

Nuño   Id con él, señor don Pedro.

Escena IX

Nuño

Nuño   Tras la pasada amargura
el premio mi amor alcanza,

y va a tocar mi esperanza
el cielo de la ventura.   440

Escena X

Dicho, el Virrey, después Ramiro

Virrey (Llamando.)
                        ¡Ramiro!... ¡Don Nuño aquí!

Nuño   Señor...

Virrey   Esperad.

Ramiro   (¿Qué haré?)

Virrey   ¿Diste mi carta?

Ramiro   (No sé
                        qué contestar.)

Virrey   Vamos, di.

Ramiro   La tomó, perdón espero,   445
                        la condesa...

Virrey   ¿Qué?

Ramiro   ¡Señor...!

Virrey   ¿Así me sirves, traidor?
                        Vete, mirarte no quiero.

(Se va Ramiro.)

Escena XI

Dichos, menos Ramiro

Virrey	(El destino se conjura
	contra mí.) Don Nuño... (Inquieto 450
	estoy.)
Nuño	Mi respeto
	lealtad os asegura.
	Una difícil empresa
	intento.
Virrey	Decid.
Nuño	Señor,
	de vos aguardo...
Virrey	(Mi amor 455
	ha sabido la condesa.
	¡Qué terrible compromiso!
	En mucho, don Nuño, os tengo.
Nuño	Señor, a pediros vengo
	para casarme permiso. 460
Virrey	Saber, amigo, quién es
	la que pudo vuestro gusto
	cautivar, parece justo.
Nuño	Es la hermosa Juana Inés,
Virrey	¿Qué? ¿Qué decís?

Nuño	Ya su mano	465
	su buen padre me concede.	

Virrey   (¡La infiel olvidarme puede!)

Nuño   Con ese ángel soberano,
feliz hoy mismo seré.

Virrey   (¡Ay de mí!)

Nuño	Si su licencia	470
	me otorgare su excelencia.	

Virrey   Hoy con don Pedro hablaré.
(No sé qué siento. ¡Gran Dios!,
el alma tiembla cobarde.)
Ya me veréis: Dios os guarde.   475

Nuño   Él quede ¡oh, conde!, con vos.

(Vase.)

Escena XII

El Virrey

Virrey   ¡Por otro afecto me olvida!...
Es tan horrible mi suerte
que fuera dicha la muerte,
porque es la muerte mi vida.   480
Quererla tanto, quererla
para llevarla a otros brazos,
¡rotos ver tan dulces lazos!...

Amarla, para perderla...
¿Dejaré que me abandone?...   485
A mi gloria, a mi placer,
el implacable deber
sus duras leyes opone.
Leyes, ¡ay!, que el sentimiento
quieren herir despiadadas,   490
encadenar las miradas
y matar el pensamiento.
En la eterna agitación
de incesante batallar,
siento el alma agonizar   495
y perderse mi razón...
¿Acaso podré sin duelos
ver que un rival venturoso
suya la llame amoroso?...
¡Me están matando los celos!   500

(Saca el retrato.)   ¡Oh, trasunto en que el humano
pincel sus tintas apura,
reflejo de la hermosura
de ese cielo soberano!

(Sale María Luisa y se va acercando lentamente al Virrey hasta ver el retrato.)

Tú miraste en otros días   505
de glorias y bienandanzas
las risueñas esperanzas
de mis dulces alegrías.
Hoy, tus hechizos al ver,
romperte airado debiera...   510
¡Ay de mí! Dichoso fuera
si pudiera aborrecer. (Lo besa.)
Mas de firmeza y valor

quiero en vano hacer alarde,
que el alma ciega y cobarde   515
amor me repite, amor.

Escena XIII

El Virrey, María Luisa

Luisa   ¡Ah!, conde...

Virrey   ¿Vos?...

Luisa   (¡Hay de mí!)
                   Conde...

Virrey   Decid: ¿qué queréis?

Luisa   Que vuestro enojo calméis
                   pues ya mi desdicha vi.   520

Virrey   Yo, condesa...

Luisa   Disculparos
                   no intentéis; ya nadie ignora
                   vuestro amor...

Virrey   Mirad, señora...

Luisa   Yo no pretendo acusaros.
                   Sé que a mi lado vivir   525
                   os causa acerbo dolor,
                   y yo no quiero, señor,
                   miraros por mí sufrir.
(Llora.)   Espero se me conceda

buscar la sombra sagrada   530
de un claustro, donde olvidada,
llorar mi desdicha pueda.

(Aparece Juana Inés.)

Esposo y señor, espero
que no os opongáis cruel...

Escena XIV

Dichos, Juana Inés

Inés (Avanzando rápidamente.)

¡Su esposo, su esposo!... Él... Él...   535

Luisa   ¡Ah!

Virrey   ¿Qué miro?

Inés   ¡Yo me muero!...

Virrey   (Implacable me provoca
audaz el destino impío.)

Inés   Él, su esposo... Él... Él... ¡Dios mío!...
¡Yo voy a volverme loca!   540

Luisa (Al Virrey.)   (Es una horrible traición
la vuestra.)

Virrey   (Callad, señora.)

Inés   Que venga la muerte.

(Prorrumpiendo en llanto.)

Luisa (Estrechándola en sus brazos.)

> Llora,
> Inés, en mi corazón.

(Se oye el toque de agonía y rumor de atambores.)

Pregonero (Dentro.) Ésta es la injusticia que en nombre de Su Majestad manda hacer el excelentísimo señor conde de Mancera, virrey, gobernador y capitán general de esta Nueva España, en la persona de Diego de Illezcas, por homicidio y otros delitos. Quien tal hizo tal pague.

Inés   ¡Ah!

(Arrodillándose a los pies del Virrey.)

> Le debéis perdonar;   545
> compadeced su amargura;
> ya matasteis mi ventura;
> basta, señor, de matar.

Virrey   Ved que intentó vuestra afrenta.

Inés   Yo no quiero, al contemplaros   550
> por vez postrera, miraros
> con una mancha sangrienta.
> Pensad, señor, que ese encono
> Dios tal vez os lo demande;
> sed, hoy por lo menos, grande,   555
> perdonadle.

Virrey   Le perdono.

(Escribe rápidamente, toca una campanilla y da a Ramiro el papel.)

                              (Cesa, ¡oh, pecho!, de latir,
                              triunfe el deber.)

Luisa   (Yo confío
                         en que ha de amarme.)

Inés   (Dios mío,
                         me estoy sintiendo morir.)   560

Escena XV

Dichos, Don Pedro y Don Nuño

Pedro (A Inés.)   Pide don Nuño tu mano,
                       y si otorga su licencia,
                       cual lo espero, su excelencia...

(El Virrey vacila; Luisa le mira suplicante.)

Virrey
(Con un esfuerzo.)   La otorgo.

Luisa (Con alegría.)   (¡Dios soberano!)   565

(Estrecha las manos del Virrey, éste la abraza.)

Nuño (A Inés.)   Respuesta aguardo de vos.

Inés (Con solemnidad.) Ya tengo mi esposo.

98

Pedro   ¡Inés!

Virrey   ¡Ah!

(Quiere avanzar hacia Inés. Luisa lo detiene, con cariño.)

Nuño   Y ese esposo, ¿quién es?

Inés   Mi esposo, don Nuño, es Dios.

Nuño   Pienso, Juana, que hacéis mal.   570

Inés   Mi esposo es santo, inmortal;
                 ¿tenéis celos, tenéis celos?
                 Mi esposo es rey de los cielos;
                 ¿quién es aquí su rival?

(Saca la rosa y la rompe.)

                        Te deshojo, pobre flor   575
(Llora.)   con sentimiento profundo,
                        cual se deshoja mi amor...

Luisa   ¡Juana Inés!

(Con ternura.)

Inés   Huya el dolor,
(Serenándose.)   huya el llanto, y huya el mundo.

(Se arrodilla y alza la mirada al cielo.)

                 Mi cruz, Señor, tomaré;   580

tú eres mi gloria, mi luz;
yo tu ejemplo imitaré,
y desde hoy me llamaré
Sor Juana Inés de la Cruz.

Cae el telón

Libros a la carta

A la carta es un servicio especializado para
empresas,
librerías,
bibliotecas,
editoriales
y centros de enseñanza;
y permite confeccionar libros que, por su formato y concepción, sirven a los propósitos más específicos de estas instituciones.

Las empresas nos encargan ediciones personalizadas para marketing editorial o para regalos institucionales. Y los interesados solicitan, a título personal, ediciones antiguas, o no disponibles en el mercado; y las acompañan con notas y comentarios críticos.

Las ediciones tienen como apoyo un libro de estilo con todo tipo de referencias sobre los criterios de tratamiento tipográfico aplicados a nuestros libros que puede ser consultado en Linkgua-ediciones.com.

Linkgua edita por encargo diferentes versiones de una misma obra con distintos tratamientos ortotipográficos (actualizaciones de carácter divulgativo de un clásico, o versiones estrictamente fieles a la edición original de referencia).

Este servicio de ediciones a la carta le permitirá, si usted se dedica a la enseñanza, tener una forma de hacer pública su interpretación de un texto y, sobre una versión digitalizada «base», usted podrá introducir interpretaciones del texto fuente. Es un tópico que los profesores denuncien en clase los desmanes de una edición, o vayan comentando errores de interpretación de un texto y esta es una solución útil a esa necesidad del mundo académico.

Asimismo publicamos de manera sistemática, en un mismo catálogo, tesis doctorales y actas de congresos académicos, que son distribuidas a través de nuestra Web.

El servicio de «libros a la carta» funciona de dos formas.

1. Tenemos un fondo de libros digitalizados que usted puede personalizar en tiradas de al menos cinco ejemplares. Estas personalizaciones pueden ser de todo tipo: añadir notas de clase para uso de un grupo de estudiantes,

introducir logos corporativos para uso con fines de marketing empresarial, etc. etc.

2. Buscamos libros descatalogados de otras editoriales y los reeditamos en tiradas cortas a petición de un cliente.